LE DÉSERTEUR,

BALLET D'ACTION

EN TROIS ACTES,

Par M. GARDEL l. Maître des Ballets du Roi en Survivance.

Représenté devant LEURS MAJESTÉS à Fontainebleau, le 21 Octobre 1786.

DE L'IMPRIMERIE

De P. ROBERT-CHRISTOPHE BALLARD, seul Imprimeur pour la Musique de la Chambre, Menus-Plaisirs & grande Chapelle de SA MAJESTÉ ; Imprimeur de Monseigneur COMTE & Madame COMTESSE D'ARTOIS.

M. DCC. LXXXVI.

Par exprès Commandement de SA MAJESTÉ.

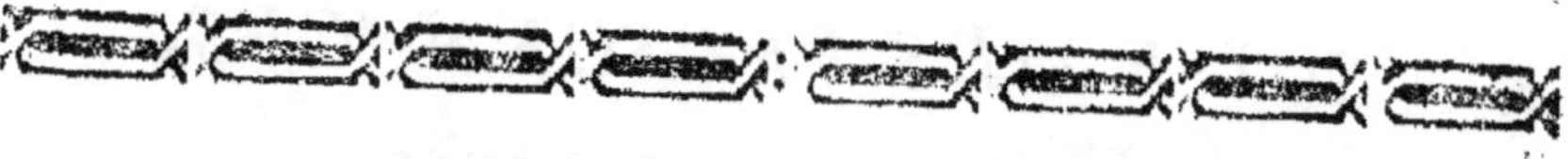

PERSONNAGES.

LOUISE,	Mlle. Guimard.
ALEXIS,	M. Gardel.
JEAN-LOUIS,	M. Leberton.
LA TANTE *d'Alexis*,	Mlle Maſſon.
BERTRAND,	M. Millon.
JEANNETTE,	Mlle Dorival
LE ROI,	M Huard.
MONTAUCIEL,	M. Goyon.
Le Concierge de la Priſon,	M. Lebel.
Major du Régiment d'Alexis,	M. Simonet.

OFFICIERS du même Régiment.

MM. Jacotot, Poinon, Coindé, Dupin.

SERGENTS du même Régiment.

MM. Rivet, Joly, Hus, Lhuillier.

BRIGADIER de la Maréchauſſée.

M. Richard.

Gardes de la Maréchauſſée.

MM. Fladix, Maſſelin, Boyer, Deſchamps, Ducel, Guillet l'aîné.

Un faux Alexis.

M. Labori.

Villageois galants.

M. VESTRIS..

MM. Lahaye, Clairgé, Caſter, Henry.

Villageoiſes galantes.

MMlles. PERIGON, LANGLOIS.

Mlles. Leclair, Séville, Courtois, Lacoſte.

Payſans.

M. FREDERIC.

MM. Barré, Largiere, Coulon, Bozon.

Payſannes.

Mlles. COULON, MILER.

Mlles. Henriette, Meziere, Troche, Bernard.

Peuple.

MM. Abraham, Blanche, Guillet c. Beguin.

Mlles. Barré, Camille, Vanlo, Langlois, c.

Catalans.

MM. Frédéric, Gueneté,

Mlle. Elisbert.

Tambourin.

M. Carbonel.

Officiers de Dragons.

MM. Deshayes, Saulnier.

Maréchauſſée.

Cinq Enfans du Dépôt.

LE DÉSERTEUR.

ACTE PREMIER.

La Scene est près du Village, à une lieue de la Ville, & à une demie-lieue du Camp, où le Roi doit venir.

LE Théâtre représente un Paysage agréable ; l'horison est terminé par une grande montagne, dont le bas offre une voûte percée dans toute son étendue, ce qui laisse appercevoir, du côté opposé, un bocage où il y a une riviere formée par les torrens qui sont sur la hauteur, & qui se précipitent dessous la voûte : il y a deux ponts de bois ;

l'un conduit au hameau, & l'autre à une forêt qui eſt ſur les limites : des poteaux à une certaine diſtance de la forêt, marquent les frontieres : des rochers hériſſés rendent cette montagne pittoreſque ; un orme, dont le pied eſt entouré d'un banc de gazon, eſt placé ſur la gauche ; des Villageois paroiſſent occupés à embellir ce lieu champêtre, qu'ils ornent de guirlandes de fleurs pour recevoir Louiſe, & célébrer ſa fête ; quelques coups de tonnerre interrompent leurs travaux, ils s'éloignent, & dès que l'orage eſt diſſipé, ils reviennent achever l'ouvrage, & ſortent enſuite pour avertir Jean-Louis que tout eſt préparé.

On apperçoit, par le percé de la voûte, Alexis dans l'éloignement : cet amant empreſſé voudroit paſſer la riviere à la nage ; mais ſon bagage l'en empêche. Jeannette, dans ce moment, paroît ſur le ſommet de la montagne, tenant des fleurs & un panier : elle voit Alexis, & paroît enchantée d'avoir, pour bouquet, cette bonne nouvelle à donner à ſon amie ; elle continue ſa route, &

Alexis gravit les rochers avec cette ardeur que l'amour ſeul ſait inſpirer : on le perd bientôt de vue.

Les inſtrumens annoncent la fête ; Louiſe paroît, conduite par ſon pere, & ſuivie de ſa tante, de Bertrand & de tous les Villageois ; on la place au pied de l'orme, & elle reçoit l'hommage de ſes compagnes, qui danſent enſuite pour célébrer la fête de leur amie.

Jeannette arrive, ſaute au col de Louiſe, lui donne ſon préſent, & l'enchante en lui apprenant qu'elle a vu Alexis accourir avec la rapidité de l'éclair ; cette nouvelle ravit Louiſe, & elle embraſſe ſon amie avec tranſport.

Jean-Louis, qui aime à s'amuſer aux dépens des Amans, projette une plaiſanterie propre à donner de l'inquiétude à ſon futur Gendre. La fête qui raſſemble tous les habitans du Village, le ſert à merveille ; il appelle ſa fille qui étoit allée au-devant de ſon amant ; il lui dit qu'il vient d'imaginer une ſcène très-gaie ; Louiſe partage la joie de ſon pere ; mais la gaieté l'abandonne, quand elle apprend de lui qu'il faut qu'elle s'apprête à paſſer pour la femme de Bertrand ; qu'il ſera cenſé que c'eſt le lendemain de la noce qu'on aura l'air de célébrer : elle ſe refuſe d'abord aux deſirs de ſon pere, dans la crainte d'affliger celui qu'elle aime, & dont elle eſt ſi tendrement aimée ; mais le pere lui ordonne d'obéir. Il place ſon monde pour la marche, il choiſit Jeannette pour ſe trouver à l'arrivée d'Alexis, & lui apprendre ce mariage ſuppoſé, enſuite il lui fait répéter ſa leçon, & tous les Villageois ſe divertiſſent d'avance, & applaudiſſent à l'idée du bon Invalide, qui rit de tout ſon cœur : dans la crainte d'être ſurpris par l'amant que l'on veut tromper, on va le chercher.

Alexis deſcend la montagne avec la plus grande précipitation ; il s'arrête à l'orme, où il a reçu les vœux de ſa Louiſe, & paroît étonné de toutes les guirlandes qui parent ce lieu cher à ſon cœur ; il ne doute point que ce ne ſoit une noce, & pour n'être point apperçu avant de s'être préſenté à ſa maîtreſſe, il ſe dérobe aux regards de ceux qui compoſent la fête.

Louiſe, ajuſtée en Mariée de Village, donne le bras à Bertrand; Jean-Louis, avec la tante, s'avance vers la montagne : ils regardent & apperçoivent Alexis ; ils rient entre eux, & continuent leur marche. Quand ils ſont éloignés, Alexis revient & arrête Jeannette, qui a l'air de courir après la noce : il lui demande le nom de la perſonne que l'on vient de marier ; elle veut répéter ſa leçon, mais il la conjure de ſatisfaire ſa curioſité. Dans cet inſtant la noce reparoît ſur la montagne ; Jeannette lui montre les deux époux ſuppoſés ; Alexis ne peut en croire ſes yeux, il ſe fait répéter pluſieurs fois les noms des deux époux, & ſe livre enſuite au plus cruel déſeſpoir ; Jeannette, touchée de ſa peine, s'approche pour le détromper ; lui voyant les yeux hagards, elle en eſt ſi effrayée, qu'elle s'empreſſe d'aller en prévenir ſon amie, afin qu'elle vienne le calmer.

Ce malheureux Amant traite Louiſe d'infidelle, de parjure, prend ſes armes, ſon habit, &, après avoir maudit cent fois ſon voyage, il ſe décide à s'éloigner, ſans ſavoir où il va. Son mauvais ſort le conduit aux frontieres; des Gardes de Maréchauſſée qui l'obſervoient, ſe mettent en embuſcade dans la forêt: dès qu'Alexis a paſſé un poteau, le Grand-Prévôt ſe préſente & veut l'arrêter; mais ce malheureux Amant n'écoute rien, & menace de le tuer, s'il oſe approcher: on donne un ſignal; alors Alexis ſe trouve entouré & ſaiſi de toutes parts; on le déſarme, & on l'emmene par le même chemin qu'il avoit pris en arrivant.

Louiſe revient avec précipitation, ſuivie de tous ceux qui compoſoient la noce; elle cherche par-tout ſon amant, ne le voit point, & ſe déſeſpere; mais bientôt l'appercevant dans le bocage, entre les mains de la Maréchauſſée, elle ne conſulte que ſon amour, gravé ſur le rocher, & vole au ſecours de ſon amant: tout le monde la ſuit.

ACTE II.

Le Théâtre repréſente une Priſon ; ſur la droite eſt une porte qui conduit à un cachot ; on peut en voir l'intérieur ; le Grand-Prévôt remet Alexis entre les mains du Geolier ; ils ſortent.

ALEXIS reſte ſeul, déplore ſon ſort, *lit la lettre de Louiſe*, l'appelle cent fois infidelle, & ſoupire.

Montauciel paroît, un verre & un bouteille à la main ; il ſalue Alexis, lui offre à boire, le gronde ſur la faute qu'il vient de commettre, & lui dit que, pour lui, il ne déſertera jamais.

Louiſe arrive toute émue, veut ſe jeter dans les bras de ſon Amant qui la repouſſe ; elle reſte interdite, & Montauciel fait des reproches à Alexis ſur ſa rigueur, conſidere la jeune Villageoiſe, la trouve de ſon goût, & veut raccommoder ces deux Amans; mais ne pouvant y parvenir, il s'éloigne dans la crainte de leur être importun.

Louiſe inquiette, cherche à tranquilliſer

ſon Amant qui, plein de ſon dépit, ne veut rien écouter.

On entend les inſtrumens de la noce : c'eſt Jean-Louis, ſuivi de Bertrand, & de tous les Villageois : Alexis croit qu'on vient inſulter à ſes peines ; il fait de vifs reproches au pere qui ſe met à rire, & qui, tout en lui avouant que ce n'étoit qu'un jeu, prend ſa main, & l'unit à ſa chere Louiſe.

Le malheureux Amant tremble, pâlit, ſes jambes fléchiſſent ſous lui : Bertrand le ſoutient, & Louiſe ſe jette dans ſes bras.

On ne peut ſavoir de lui la cauſe de ſa douleur ; Louiſe lui prodigue les plus tendres careſſes, & cherche à pénétrer ſon ſecret ; mais c'eſt en vain : Alexis ſoupire, lève les yeux au Ciel, arroſe de ſes larmes les mains de ſon Amante, & ne peut ſurmonter ſa douleur.

Arrivent quatre Caporaux, l'épée à la main ; ils s'emparent du Déſerteur, & le conduiſent au Conſeil de Guerre. Alexis reprend courage, embraſſe ſa chere Louiſe, & ſort en lui diſant adieu.

Tous les témoins de cette ſcène reſtent interdits : le Geolier paroît avec Montauciel ; Louiſe inquiette, veut apprendre la cauſe de la détention de ſon Amant ; elle s'adreſſe à Montauciel, qui lui répond, après l'avoir regardée avec intérêt, *qu'il ne déſertera jamais.* Louiſe reſte étonnée, commence à pénétrer ce fatal myſtere ; mais elle veut être certaine de ſon malheur : elle va au Geolier, qui, de ſon côté, ne veut rien lui dire : elle le preſſe inutilement, & revient à Montauciel, qui lui fait encore la même réponſe. Les inquiétudes de Louiſe augmentent de plus en plus ; elle ſe jette aux genoux du Géolier, & pour le ſéduire, lui donne ſa croix : il l'inſtruit, enfin, en lui diſant que ſon Amant doit avoir la tête caſſée.

Cette affreuſe nouvelle la ſaiſit à tel point qu'elle tombe preſque morte ; ſa Tante & Jeannette veulent lui donner du ſecours quoiqu'elles ſoient l'une & l'autre pénétrées de la plus vive douleur. Le Pere, qui eſt caufe de ce malheur, eft au défefpoir : Bertrand pleure amérement, jette les rubans, les bouquets, ainfi que les cocardes qui le paroient, & le Géolier même paroît attendri.

Louife reprend l'ufage de fes fens, mais fes yeux égarés effraient tous ceux qui l'entourent; elle frémit à la vue de fon Pere; elle fuit les empreffemens de fa Tante, de Jeannette, & ne peut foutenir la préfence de Bertrand : l'idée du fupplice de fon Amant la fait frémir, & le Geolier lui fait horreur.

Des coups de canon qu'on entend au loin, annoncent l'arrivée du Roi au camp; Louife revient tout-à-coup de fon délire, écoute, & forme le projet de fauver fon Amant, en allant fe jetter aux pieds du Roi; elle ne doute pas qu'il ne foit fenfible à fon malheur, & qu'elle obtienne de fes bontés la grace de celui qu'elle aime. Cet efpoir lui donne des forces, & elle fort avec précipitation, les autres la fuivent.

Montauciel arrive, tenant le Grand-Coufin qu'il fait entrer avec violence; fa figure amufe le Dragon, qui entreprend de le façonner. L'embarras & l'effroi de Bertrand font rire Montauciel ; il le fait boire, le fait danser ; enfin le tourmente si cruellement, qu'il prend son parti, & se sauve : Montauciel court après lui.

ACTE III.

Le Théâtre représente la même Prison : il fait nuit.

LEs quatre Caporaux ramenent Alexis ; le Geolier éteint les lumieres, envoie son prisonnier prendre du repos, & il sort.

L'air triste d'Alexis annonce qu'il fait son arrêt ; il leve les bras au ciel, soupire, & se jette sur une pierre, pour y prendre du repos. Sa situation est si cruelle, qu'il ne peut goûter un sommeil tranquille ; il est agité ; il tend les bras, il croit embrasser, pour la derniere fois, sa chere Louise ; il se leve, retombe, devient plus calme, & tout-à-coup se jette à genoux, & semble attendre le coup de la mort : il se réveille accablé de fatigue, & regarde le triste séjour où son malheureux amour l'a conduit.

Le Geolier entre, Alexis le prie de lui apporter de l'encre & du papier, & lui donne sa bourse : le Geolier sort, & lui rapporte ce qu'il qu'il desire; Alexis se prépare à faire, par écrit, ses derniers adieux à sa chere Louise.

Montauciel, un papier à la main, a l'air d'épeller ses lettres; il vient regarder avec envie Alexis, qui écrit couramment. Ce dernier s'apperçoit de sa curiosité, lui en fait des reproches; mais Montauciel s'excuse, en lui disant qu'il ne sait ni lire, ni écrire: il s'éloigne pour étudier; Alexis, après avoir terminé sa lettre, la cachette, & appelle Montauciel, qui ne cesse de pester contre son ignorance. Alexis lui demande un service; le Dragon l'assure qu'il peut disposer de lui. Alors il le prie de remettre sa lettre à Louise, dès qu'il sera parti, ne doutant point qu'elle ne vienne bientôt pour le voir. Montauciel va pour prendre la lettre, quand un tambour se fait entendre, & annonce le moment fatal! Les deux Militaires restent interdits; Montauciel prend la lettre, & serre Alexis dans ses bras.

Les quatre Caporaux reparoissent l'épée à la main.

Montauciel devine aisément qu'Alexis est

condamné, & qu'on vient s'emparer de lui; il s'attendrit, l'embrasse & l'invite à boire un coup pour prendre des forces; Alexis l'embrasse & l'engage de nouveau à remettre la lettre à Louise. On l'emmene; Montauciel ne peut soutenir ce spectacle; il lui saute encore une fois au col; il l'exhorte à mourir avec courage. Pendant toute cette scène, on entend toujours le tambour qui bat aux champs.

Le Théâtre représente le camp; on voit dans le fond la tente du Roi, avec un espece de vestibule au milieu, où sont plusieurs Gardes.

Les habitans des environs s'amusent à danser, en attendant l'arrivée du Roi; des coups de canon l'annoncent.

Louise, excédée de fatigue, arrive précipitamment; elle se fait place; un M
de la foule, se jette aux pieds du Roi, qui s'arrête dans le vestibule de la tente; il prend le mémoire de Louise, la rassure & signe la grace du Déserteur. Il en charge le Grand-Prévôt; mais Louise demande qu'elle lui

ſoit confiée : elle obtient cette faveur, ôte ſes ſouliers, & vole retrouver ſon amant. Le Roi remet une bourſe pour elle au Grand-Prévôt, & lui ordonne de faire diligence, afin que la grace qu'il vient d'accorder ait ſon effet ; il rentre, & le Grand-Prévôt prend, avec la plus grande diligence, le même chemin que Louiſe : tout le peuple le ſuit.

Le Théâtre repréſente la place d'armes de la ville ; le Régiment s'avance & ſe range ſur une ligne. Deux détachemens conduiſent Alexis ; il paſſe en revue, & on le place à l'endroit où il doit ſubir ſon arrêt. Alexis regarde s'il ne verra point Louiſe : perdant cette douce eſpérance, la ſeule qui lui reſtoit, il prend ſa lettre, la baiſe mille fois, demande grace à l'Etre ſuprême, & attend avec fermeté la mort. On le fait mettre à genoux : Louiſe accourt, la grace à la main, arrache & entraîne ſon amant loin des gardes. Le Grand-Prévôt arrive, & confirme les bontés du Roi ; enſuite un Major annonce la grace que le Roi vient d'accorder. La joie ſe répand sur tous les visages; Jean-Louis, Bertrand, Jeannette & tous les Villageois se jettent sur Alexis. Louise reprend ses sens, regarde tendrement son amant, son époux, & reçoit d'Alexis le juste tribut d'amour & de reconnoissance qu'il doit aux soins de cette véritable amante.

Montauciel paroît la lettre à la main; mais quelle est sa surprise, quand il apperçoit Alexis libre; il vole à lui, & l'accable de caresses. Le Grand-Prévôt remet la bourse à Louise; Jean-Louis embrasse ses enfans, qui reviennent par degrés des peines qu'ils avoient ressenties, & qui commencent à goûter enfin quelques momens de douceur. Tous ceux qui les entourent prennent part à leur situation. Un Ballet général de la plus grande gaieté, leur fait oublier tous les malheurs qu'ils avoient éprouvés.

FIN.

Table

www.ingramcontent.com/pod-product-compliance
Lightning Source LLC
LaVergne TN
LVHW052031160826
845678LV00003B/1287
9782329625522